Titolo originale: NBA Curiosità.

© NBA Curiosità, Carlos Martínez Cerdá e Víctor Martínez Cerdá, 2023

Autori: Víctor Martínez Cerdá e Carlos Martínez Cerdá (V&C Brothers)

© Copertina e illustrazioni: V&C Brothers

Impaginazione e design: V&C Brothers

Tutti i diritti riservati. Questa pubblicazione non può essere né totalmente né parzialmente riprodotta, archiviata, registrata o trasmessa in alcuna forma o con qualsiasi mezzo, meccanico, fotochimico, elettronico, magnetico, ottico elettronico, o mediante fotocopie o sistemi di recupero dell'informazione, o qualsiasi altro modo presente o futuro, senza il previo consenso scritto dei titolari del copyright.

# NBA CURIOSITÀ

EVENTI INCREDIBILI E SORPRENDENTI

# 1

**Kobe Bryant è uno dei migliori nella storia ed è stato selezionato alla posizione numero 13 del Draft del 1996.**

Per quanto sia incredibile, 13 squadre hanno ignorato Kobe Bryant.

La squadra che lo ha selezionato non è stata i Lakers (con cui ha giocato per 16 anni), ma gli Charlotte Hornets.

Tuttavia, in uno scambio, gli Hornets hanno scambiato la guardia appena uscita dal liceo per Vlade Divac.

# 2

**Boston Celtics e New York Knicks sono due delle squadre più iconiche e storiche della NBA.**

I Celtics sono stati fondati nel 1946 e i Knicks nello stesso anno, entrambi sono stati due dei primi otto team della NBA.

Da allora, entrambe le squadre hanno vinto numerosi titoli e hanno avuto alcuni dei giocatori più famosi e talentuosi nella storia della NBA.

I Celtics hanno vinto un totale di 17 campionati, che li posiziona come la squadra con più titoli della NBA insieme ai Los Angeles Lakers.

Tra i loro giocatori più famosi si possono citare Bill Russell, Larry Bird, Paul Pierce e Kevin Garnett, tra gli altri.

I Celtics hanno mantenuto una grande rivalità con i Lakers nel corso degli anni, disputando diverse finali tra le due squadre.

I Knicks, d'altra parte, hanno vinto due campionati, il primo nel 1970 e il secondo nel 1973.

Nel corso della loro storia, hanno avuto giocatori leggendari come Walt Frazier, Willis Reed, Patrick Ewing e Carmelo Anthony, tra gli altri.

I Knicks hanno anche mantenuto grandi rivalità con squadre come i Chicago Bulls e i Miami Heat.

Entrambe le squadre hanno avuto alti e bassi nel loro rendimento nelle ultime decadi, ma rimangono due delle franchigie più riconosciute e amate dagli appassionati della NBA.

# 3

**Muggsy Bogues è il giocatore più basso nella storia della NBA con un'altezza di 1,60 metri, mentre Manute Bol è uno dei giocatori più alti con un'altezza di 2,31 metri.**

Entrambi hanno giocato insieme ai Washington Bullets nella stagione 1987-1988, che è stata l'unica stagione in cui hanno condiviso la squadra.

Oltre alla sua altezza, Manute Bol era noto per la sua abilità nel bloccare i tiri e la sua insolita abilità nel tiro da tre punti per un giocatore della sua stazza.

Muggsy Bogues, d'altra parte, si distingueva per la sua velocità e abilità nel maneggiare la palla nonostante la sua bassa statura.

# 4

**Nonostante la sua bassa statura, Muggsy Bogues ha avuto una carriera di successo nella NBA.**

Dopo essere stato selezionato al primo turno del Draft del 1987 dai Washington Bullets, Bogues ha giocato in diverse squadre, tra cui i Charlotte Hornets e i Toronto Raptors.

Il suo punto di forza era la sua capacità di assistere i compagni di squadra, poiché ha guidato la lega in assist per partita nella stagione 1989-1990.

Inoltre, Bogues è conosciuto per la sua partecipazione al film "Space Jam" insieme a Michael Jordan e altri giocatori della NBA.

# 5

**Il logo della NBA è stato creato nel 1969 da Alan Siegel, che ha utilizzato come modello la figura del giocatore Jerry West dei Lakers.**

West era conosciuto per la sua abilità in campo e per il suo soprannome "Mr. Clutch", dovuto alla sua capacità di segnare nei momenti decisivi.

Nonostante sia arrivato alle finali della NBA diverse volte, non ha vinto un campionato fino alla sua ottava stagione in lega nel 1972.

Siegel ha creato il logo basandosi su una fotografia di West in cui appare dribblare con la mano destra, ma Siegel l'ha invertito in modo che il giocatore stesse dribblando con la mano sinistra, per dare maggiore equilibrio e simmetria al design.

Il logo è diventato uno dei più iconici nella storia dello sport ed è stato utilizzato dalla NBA da allora.

# 6

**Kareem Abdul-Jabbar e Shaquille O'Neal sono due dei giocatori più dominanti nella posizione di centro nella storia della NBA.**

Abdul-Jabbar ha giocato per 20 stagioni nella lega, mentre O'Neal ha giocato per 19.

Entrambi i giocatori hanno vinto più titoli, Abdul-Jabbar ne ha sei mentre O'Neal ne ha quattro.

Nonostante siano stati giocatori alti e dominanti, il tiro da tre punti non era una delle loro specialità.

Abdul-Jabbar ha tentato solo un tiro da tre in tutta la sua carriera e l'ha fallito, mentre O'Neal ha avuto un record di 1 su 22 nei tiri da tre in carriera.

Nonostante ciò, entrambi i giocatori sono considerati alcuni dei migliori nella storia della NBA a causa del loro dominio in altri aspetti del gioco, come il rimbalzo, il blocco e il punteggio.

# 7

**La partita vinta con il maggior scarto di punti.**

La partita tra i Memphis Grizzlies e gli Oklahoma City Thunder in cui i Grizzlies hanno vinto con 73 punti di differenza (152-79) è stata, infatti, la più sbilanciata nella storia della NBA.

Questo record ha superato quello precedente datato 17 dicembre 1991, quando i Cleveland Cavaliers hanno sconfitto i Miami Heat con 68 punti di scarto (148-80).

In quella partita, i Cavs hanno potuto contare su un'eccellente prestazione di Hot Rod Williams, che ha segnato 27 punti, catturato 8 rimbalzi e fatto 4 assist in soli 25 minuti di gioco.

# 8

**Un piccolo numero di squadre nella NBA non ha mai avuto l'emozione di scegliere al primo posto durante il Draft, dal momento in cui il sistema è stato stabilito nel 1966.**

Queste sono: Denver Nuggets, Indiana Pacers, Memphis Grizzlies, Miami Heat, Oklahoma City Thunder e Utah Jazz.

Anche se alcune di loro hanno selezionato grandi giocatori e avuto successo nella lega, come i Miami Heat che hanno vinto tre titoli nel 2006, 2012 e 2013, altre squadre, come gli Utah Jazz, hanno avuto una storia di successo con giocatori iconici come Karl Malone e John Stockton, ma non sono mai riuscite a vincere un titolo NBA.

# 9

**Nelle Finals del '95, il mondo ha potuto vedere competere due grandi giocatori:**

Hakeem Olajuwon, uno dei centri più completi nella storia della NBA, e Shaquille O'Neal, che sarebbe diventato una delle forze più dominanti della lega.

I Rockets di Olajuwon hanno vinto il campionato, lasciando Shaq con un brutto sapore in bocca e portandolo a inviare una nota a Hakeem dopo la fine delle Finals.

Nella nota, lo invitava a giocare uno contro uno in modo che non avesse la sua squadra dietro di lui a sostenerlo.

La notizia è diventata virale e l'evento doveva essere trasmesso in pay-per-view, ma alla fine è stato cancellato e questo è rimasto solo nei registri dei momenti curiosi della NBA.

# 10

**Derrick Rose.**

È un giocatore professionista di pallacanestro statunitense che attualmente gioca come playmaker per i New York Knicks della NBA.

Rose è stato selezionato come prima scelta nel Draft NBA del 2008 dai Chicago Bulls e è rapidamente diventato uno dei giocatori più importanti della lega.

Nella stagione 2010-2011, Rose ha condotto i Bulls a un record di 62 vittorie e 20 sconfitte, diventando il più giovane giocatore a vincere il premio di Giocatore Più Valioso (MVP) della NBA all'età di 22 anni.

In quella stagione ha avuto una media di 25 punti, 7,7 assist e 4,1 rimbalzi a partita.

Sfortunatamente, la carriera di Rose è stata segnata da infortuni che hanno limitato la sua capacità di giocare in modo costante nel corso degli anni.

Nonostante ciò, è riuscito a rimanere rilevante nella lega ed è stato un giocatore chiave in diverse squadre, tra cui i New York Knicks.

# 11

**Stephen Curry.**

Conosciuto anche come "Steph", è un giocatore professionista di pallacanestro dei Golden State Warriors della NBA.

È nato il 14 marzo 1988 ad Akron, Ohio, USA.

È considerato uno dei migliori tiratori da tre punti nella storia della NBA e ha stabilito numerosi record nella sua carriera.

Nella stagione 2015-2016, Curry ha avuto una stagione eccezionale, con una media di 30,1 punti, 5,4 rimbalzi e 6,7 assist a partita.

Ha condotto i Warriors a un record di 73-9 nella stagione regolare, superando il precedente record dei Chicago Bulls del 1995-1996, e ha portato la squadra alle finali NBA.

Curry è stato nominato Giocatore Più Valioso (MVP) della stagione regolare NBA per il secondo anno consecutivo, diventando il primo giocatore nella storia a essere nominato MVP all'unanimità, ottenendo tutti i voti dei 121 giornalisti che hanno partecipato alla votazione.

Inoltre, Curry è stato selezionato diverse volte per l'All-Star Game della NBA, è stato nominato diverse volte nel primo team All-NBA ed ha vinto diversi titoli NBA con i Warriors.

È considerato uno dei migliori giocatori attuali e ha lasciato il segno nella storia della pallacanestro.

# 12

**Bill Russell.**

È considerato uno dei più grandi giocatori
di basket di tutti i tempi.

Ha giocato nella NBA per 13 stagioni, tutte con i Boston
Celtics, e durante questo periodo ha vinto 11 campionati,
rendendolo il giocatore di maggior successo
nella storia della lega.

Russell ha anche vinto cinque volte il premio di Giocatore
più Valioso della NBA ed è stato selezionato
per il Gioco delle Stelle 12 volte.

Oltre ai suoi successi sul campo, Russell è stato un leader
e un difensore dei diritti civili al di fuori di esso.

È stato un attivo sostenitore dell'uguaglianza razziale e ha
partecipato a marce e proteste durante il movimento
per i diritti civili degli anni '60.

Dopo essersi ritirato come giocatore, Russell ha anche
lavorato come allenatore nella NBA e nella NCAA.

In suo onore, il trofeo per il Giocatore più Valioso
delle Finali NBA porta il suo nome.

È un riconoscimento alla sua abilità come giocatore e
al suo impatto sulla lega e sulla società in generale.

# 13

**Larry O'Brien è stato uno dei commissari più influenti nella storia della NBA, e il suo lascito si sente ancora nella lega oggi.**

Oltre alla fusione con l'ABA e all'istituzione del tetto salariale, O'Brien ha anche contribuito ad espandere la lega, aggiungendo sei nuove squadre durante il suo mandato.

Ha anche lavorato per migliorare l'immagine della NBA, promuovendo una maggiore diversità razziale nella lega e aiutando a risolvere le dispute sindacali.

O'Brien è morto nel 1990, e il trofeo che porta il suo nome è stato introdotto nel 1984 per onorare il campione NBA.

# 14

**Gregg Popovich.**

È l'allenatore NBA che ha guadagnato più soldi nella sua carriera fino ad oggi.

Popovich, che è stato l'allenatore capo dei San Antonio Spurs dal 1996, ha vinto cinque campionati NBA con la squadra ed è stato nominato Allenatore dell'Anno della NBA tre volte.

Inoltre, è stato l'allenatore della squadra di pallacanestro maschile degli Stati Uniti in diversi eventi internazionali, tra cui le Olimpiadi del 2020.

Per quanto riguarda i salari degli allenatori NBA, è vero che sono notevolmente aumentati negli ultimi anni.

Secondo un rapporto di ESPN del 2021, lo stipendio medio degli allenatori NBA è di circa 6 milioni di dollari all'anno, con alcuni allenatori che guadagnano molto di più.

Inoltre, gli allenatori più di successo e con più esperienza tendono a guadagnare stipendi più alti.

# 15

**Il Draft NBA è un evento annuale in cui le squadre della lega scelgono nuovi giocatori per far parte delle loro squadre.**

Sin dalla creazione della NBA nel 1949, il Draft è stata una grande fonte di talento per la lega e ha prodotto molti giocatori stella e futuri membri della Hall of Fame.

Tuttavia, il Draft del 2000 è stato considerato uno dei peggiori nella storia della NBA.

In quel Draft, le squadre hanno selezionato giocatori che non sono riusciti ad avere una grande carriera nella NBA e che non hanno avuto molto impatto nella lega.

Alcuni dei giocatori selezionati nel Draft del 2000 includono Kenyon Martin, Stromile Swift, Darius Miles, Marcus Fizer e Chris Mihm.

Nonostante alcuni di questi giocatori abbiano avuto carriere decenti nella NBA, nessuno di loro è diventato una stella della lega o un giocatore All-Star.

In confronto ad altri Draft NBA, il Draft del 2000 è stato considerato una delusione a causa della mancanza di talento e dell'effetto limitato che molti dei giocatori selezionati hanno avuto sulla lega.

# 16

**Stephen Curry.**

È conosciuto come uno dei migliori tiratori nella storia della NBA e ha stabilito diversi record di triple lungo la sua carriera.

Nella stagione 2015-2016, ha stabilito il record di più triple in una stagione regolare con 402, superando il suo stesso record precedente di 286.

È anche il primo giocatore nella storia della NBA a avere almeno 300 triple in una stagione.

Per quanto riguarda il record di triple nella sua carriera, Curry ha superato Ray Allen come il giocatore più veloce a raggiungere le 2.000 triple nel 2016, e da allora ha continuato ad aggiungere al suo record.

Nel aprile del 2021, Curry ha segnato la sua tripla numero 2.973, superando Reggie Miller come secondo miglior marcatore di triple nella storia della NBA.

Attualmente, ha più di 3.000 triple segnate nella sua carriera.

# 17

**L'ex giocatore NBA Gerald Green e il giocatore lettone Dāvis Bertāns hanno qualcosa in comune.**

Entrambi i giocatori mancano di un dito di una mano, in particolare dell'anulare.

Green ha perso il suo dito all'età di 11 anni, quando stava cercando di schiacciare il pallone nella sua canestro casalinga e l'anello che indossava si è impigliato in un chiodo.

Ciò ha causato l'apertura completa del dito e ha dovuto essere amputato.

Davis ha tagliato la metà del suo dito quando aveva 13 anni; stava tagliando legna con il fratello e il suo guanto si è impigliato in una sega.

# 18

**Sports Illustrated ha pubblicato un rapporto in cui afferma che il 60% dei giocatori NBA in pensione finisce in rovina entro 5 anni.**

Alcuni esempi sono Allen Iverson, Dennis Rodman, Latrell Sprewell o Antoine Walker.

La maggior parte di loro non ha saputo gestire correttamente le loro fortune e ha sprecato tutto fino ad arrivare alla bancarotta.

In media, l'età in cui i giocatori NBA si ritirano è di 30 anni, anche se ultimamente si è allungata.

Ad esempio, Nat Hickey si è ritirato a 45 anni, Steve Nash a 40 e Kareem Abdul-Jabbar a 42 anni.

# 19

**L'anello di campione NBA viene dato ai giocatori della squadra che vince il campionato ogni anno.**

Attualmente, il giocatore con più anelli NBA è Bill Russell, che ha compiuto 84 anni nel 2022, con 11 anelli.

Il secondo giocatore con più anelli è Sam Jones, che ha 88 anni nel 2022, con 10 anelli, e il terzo è John Havlieck, morto nel 2019, con 8 anelli.

I tre giocatori li hanno ottenuti giocando con i Boston Celtics nelle stesse stagioni.

D'altra parte, Michael Jordan ha 6 anelli e Magic Johnson 5.

# 20

**Un canestro di una partita NBA si trova a 3,05 metri di altezza.**

Il tabellone che tiene l'anello misura 1,05 di altezza e 1,80 di larghezza e ha uno spessore di 3 cm.

Perché questa altezza?

Il creatore del basket, James Naismith, appese due casse di pesche su un balcone di una palestra a questa altezza nel 1891, e così è rimasta nel regolamento ufficiale NBA.

Nel 1954, la NBA ha fatto delle prove per rendere il gioco più dinamico e ha provato a mettere il canestro a 3,65 metri in una partita tra i Minneapolis Lakers e i Milwaukee Hawks.

Ciò che è successo è che entrambe le squadre hanno segnato meno punti rispetto alla loro media abituale e l'idea è rimasta come un'aneddoto nella storia della NBA.

# 21

**Il possesso del pallone per ogni giocatore è di 24 secondi, regola stabilita nel 1954 quando si cercava di dare più emozione e velocità al gioco per attirare più appassionati.**

Inoltre, è stato incluso il famoso orologio che conta ogni secondo per far diventare i giocatori più nervosi e far passare il pallone più velocemente.

Ora hai imparato alcune curiosità sulla leggendaria lega di basket NBA.

Ogni anno, i migliori giocatori si sfidano sul campo in partite ad alta adrenalina per gli appassionati.

Le quote nelle partite NBA sono un modo per dare un punto in più di interesse ed emozione a questo gioco.

# 22

**La NBA è nata nel 1949 dalla fusione della BAA (Basketball Association of America) e della NBL (National Basketball League).**

Nella sua prima stagione ha avuto 17 squadre provenienti principalmente dalla NBL.

A sua volta, la BBA è nata nel 1946 dopo la seconda guerra mondiale, per mano dei principali proprietari degli stadi sportivi del nord-est degli Stati Uniti.

L'hockey su ghiaccio e il pugilato non fornivano abbastanza profitti e avevano bisogno di un'attività extra che completasse le due precedenti.

Pertanto, questo sport è nato con 13 squadre.

Questa è la data che si utilizza quando si parla della fondazione della NBA.

Dopo la fusione tra BAA e NBL, le franchigie hanno cominciato a diminuire e nella stagione 1953/54, la NBA ha avuto il numero più basso di squadre della sua storia: 8.

Tutte queste squadre sono ancora presenti nella lega attualmente.

# 23

**La prima partita della NBA si considera che sia stata disputata il 1 novembre 1946 presso il Maple Leaf Gardens di Toronto, in Canada.**

In quella partita si sono confrontati i Toronto Huskies e i New York Knicks, con vittoria dei Knicks per 68-66.

La prima canestro nella storia della NBA è stata segnata da Ossie Schectman, giocatore dei Knicks.

La NBA in quel momento era conosciuta come la Basketball Association of America (BAA) e si componeva di 11 squadre, cinque delle quali erano situate in città canadesi.

Il campionato della BAA si è giocato in un'unica serie di playoff, dove i vincitori delle divisioni Est e Ovest si sono affrontati in finale.

Nel 1949, la BAA si è fusa con la National Basketball League (NBL) per formare l'attuale National Basketball Association (NBA), che includeva 17 squadre.

Da allora, la NBA è cresciuta in popolarità ed è diventata una delle leghe sportive più importanti e lucrative del mondo.

# 24

**La NBA (National Basketball Association) è una lega professionistica di basket degli Stati Uniti fondata nel 1946.**

Da allora, ci sono state molte franchigie che sono entrate ed uscite dalla lega, e attualmente ci sono 30 squadre in totale.

Di queste 30 squadre, solo tre sono state presenti in tutte le stagioni dal 1946: i Boston Celtics, i New York Knicks e i Golden State Warriors.

I Celtics sono stati fondati nel 1946 e giocano nella città di Boston, mentre i Knicks e i Warriors sono stati fondati rispettivamente nel 1946 e nel 1947 e giocano nelle città di New York e San Francisco.

Queste tre franchigie sono considerate le più rappresentative e storiche della lega a causa della loro longevità e del successo sul campo.

I Celtics sono particolarmente noti per aver vinto un record di 17 campionati NBA, mentre i Knicks e i Warriors hanno anche vinto molti campionati nel corso della loro storia.

Inoltre, i Celtics e i Knicks sono le uniche due franchigie che ancora giocano nella stessa città in cui sono stati fondati, il che conferisce loro una connessione speciale con le loro comunità locali e una ricca storia nella città.

# 25

**Il mondo del basket professionistico negli Stati Uniti è stato storicamente dominato da giocatori bianchi.**

Tuttavia, lungo la storia della NBA, ci sono stati diversi importanti passi in avanti in termini di diversità razziale e inclusione nella lega.

Uno dei momenti più significativi in questo senso è stato l'ingresso del primo giocatore "non bianco" nella NBA.

Questo è stato Wataru Misaka, un giocatore giapponese-americano che è stato assunto dai New York Knicks nella stagione 1947/48.

Nonostante sia stato selezionato nel draft della NBA nel 1947, Misaka ha giocato solo tre partite con i Knicks prima di essere tagliato dalla squadra.

Il primo afroamericano a giocare nella NBA è stato Harold Hunter, che ha giocato per i Washington Capitols nella stagione 1950.

Nonostante fosse un giocatore talentuoso, Hunter non è riuscito a terminare la stagione a causa di problemi di salute e altri fattori.

A partire dall'ingresso di Hunter, è iniziato un processo progressivo di inclusione di giocatori afroamericani nella NBA.

Negli anni successivi, diversi giocatori neri di spicco, come Bill Russell e Wilt Chamberlain, sono diventati stelle della lega, e la NBA è diventata un importante punto di riferimento per la comunità afroamericana.

Oggi, la NBA è orgogliosa della sua diversità razziale e culturale e ha istituito iniziative per promuovere l'inclusione e l'uguaglianza nella lega.

Inoltre, la NBA è stata un modello per altre leghe sportive professionistiche negli Stati Uniti nel promuovere la diversità e l'inclusione nello sport.

# 26

**Nel 1967, la Federazione Statunitense di Basket ha creato l'ABA (American Basketball Association) con l'obiettivo di sminuire l'importanza della NBA.**

Dopo alcuni anni di duri tira e molla, nel 1976 si è giunti a un accordo di fusione tra le due leghe.

L'ABA è scomparsa e 4 delle sue squadre si sono integrate nella NBA.

Oltre a queste 4 squadre, l'ABA ha lasciato altre 3 eredità: la palla a tre colori nel concorso di tiri da tre punti dell'All-Star Game, il concorso di schiacciate e la linea dei tre punti.

# 27

**Negli ultimi anni '70 e nei primi anni '80, la NBA ha attraversato un periodo difficile.**

La lega stava lottando con problemi finanziari e di pubblico, con bassi tassi di partecipazione ai giochi e bassi indici di ascolto televisivo.

Molti analisti sportivi credevano che la lega fosse in pericolo di scomparire.

Tuttavia, nella stagione 1979-1980, due giovani talentuosi fecero la loro comparsa nella NBA: Larry Bird dei Boston Celtics e Magic Johnson dei Los Angeles Lakers.

Questi due giocatori non erano solo incredibilmente talentuosi, ma avevano anche stili di gioco molto diversi che attiravano l'attenzione del pubblico.

Bird, un giocatore bianco dell'Indiana, era conosciuto per la sua abilità nel tiro da lunga distanza e la sua intelligenza in campo.

Johnson, un giocatore afroamericano del Michigan, era un playmaker naturale con una grande abilità nel passaggio e nel gioco di squadra.

La rivalità tra Bird e Johnson si intensificò rapidamente e divenne una delle più grandi rivalità nella storia dello sport.

I due team si affrontarono in tre finali consecutive della NBA negli anni '80 e la rivalità tra Bird e Johnson aiutò a spingere la popolarità della NBA a livelli senza precedenti.

La rivalità tra Bird e Johnson, insieme ad altri giocatori talentuosi dell'epoca come Michael Jordan, contribuì a rivitalizzare la NBA e ad attirare un pubblico più ampio.

La NBA divenne un fenomeno culturale e un modello per altre leghe sportive professionistiche in tutto il mondo.

# 28

**La NBA è composta da 30 squadre o franchigie divise in due conference, la Conferenza Est e la Conferenza Ovest, e ogni conferenza è ulteriormente divisa in tre divisioni con cinque squadre ciascuna.**

Nella Conferenza Est ci sono le divisioni Atlantico, Centrale e Sud-Est, mentre nella Conferenza Ovest ci sono le divisioni Nord-Ovest, Pacifico e Sud-Ovest.

Ogni squadra della NBA gioca un totale di 82 partite in una stagione regolare, affrontando squadre della propria conferenza e anche dell'altra conferenza.

Le squadre competono per assicurarsi un posto nei playoff, dove le otto migliori squadre di ogni conferenza si sfidano in una serie di eliminazioni dirette per determinare il campione NBA.

Delle 30 squadre della NBA, solo una si trova al di fuori degli Stati Uniti: i Toronto Raptors, che si trovano in Canada.

I Vancouver Grizzlies erano anche una franchigia canadese che giocava nella NBA fino al 2001, quando si trasferirono a Memphis e diventarono i Memphis Grizzlies.

Inoltre, alcune squadre della NBA hanno una lunga storia e sono considerate parte dell'identità della lega, come i Boston Celtics, i Chicago Bulls, i Los Angeles Lakers e i New York Knicks.

Ci sono anche squadre più recenti che si sono unite alla lega, come gli Charlotte Hornets, che sono tornati nella NBA nel 2004 dopo una breve pausa nel 2002, e i New Orleans Pelicans, che si sono trasferiti da Charlotte nel 2002 e erano conosciuti in precedenza come gli Hornets di New Orleans.

# 29

**Durante la stagione regolare, ogni squadra gioca 82 partite, metà in casa e metà in trasferta:**

-4 volte contro tutte le squadre della propria divisione (4 x 4 = 16 partite)

-4 volte contro 3 squadre di ciascuna delle altre due divisioni (4 x 3 x 2 = 24 partite)

-3 volte contro le restanti 4 squadre delle altre divisioni (3 x 2 x 2 = 12 partite)

-2 volte contro ogni squadra dell'altra conferenza (2 x 15 = 30 partite)

# 30

**La NBA è una delle due uniche leghe sportive negli Stati Uniti che ha un calendario in cui ogni squadra si confronta almeno una volta con ogni altra squadra della lega durante la stagione regolare.**

Questo tipo di calendario è conosciuto come "round-robin" o "tutti contro tutti".

Prima della stagione 2004-2005, la NBA aveva una struttura di calendario in cui ogni squadra di una conferenza giocava solo contro le squadre dell'altra conferenza due volte all'anno, una volta in casa e una volta fuori, il che significa che le squadre non si affrontavano con la stessa frequenza.

Tuttavia, dalla stagione 2004-2005, la NBA ha cambiato la sua struttura di calendario e ha iniziato a programmare partite per ogni squadra contro tutte le altre squadre della lega.

Ciò è stato fatto per aumentare la competitività e l'equità tra le squadre.

La NHL, d'altra parte, ha avuto un calendario "tutti contro tutti" dal 1970.

Altre importanti leghe sportive negli Stati Uniti, come la NFL (football americano) e la MLB (baseball), hanno una struttura di calendario in cui le squadre si affrontano solo contro alcune delle altre squadre della lega durante la stagione regolare.

# 31

**Nella NBA, otto squadre per ogni conferenza avanzano
ai playoff alla fine della stagione regolare.**

La selezione delle squadre e la determinazione degli accoppiamenti avvengono nel seguente modo: le tre squadre che vincono la loro divisione in ogni conferenza avanzano automaticamente ai playoff e si classificano come i primi tre seminati nella loro conferenza in base al loro record di vittorie e sconfitte.

La squadra rimanente che ha il miglior record di vittorie e sconfitte tra le squadre che non hanno vinto la loro divisione, si classifica come il quarto seme nella conferenza.

Le restanti quattro squadre in ogni conferenza si classificano in base al loro record di vittorie e sconfitte, indipendentemente dal fatto che abbiano vinto o meno la loro divisione.

Queste squadre si classificano rispettivamente come il quinto, sesto, settimo e ottavo seme nella conferenza.

Dopo che sono stati stabiliti gli otto team per ogni conferenza, gli accoppiamenti vengono effettuati secondo lo schema seguente: il primo seme gioca contro l'ottavo, il secondo contro il settimo, il terzo contro il sesto e il quarto contro il quinto.

Le squadre si affrontano in una serie al meglio delle sette partite, con la squadra con il miglior record della stagione regolare che ha il vantaggio del campo in casa nei primi due incontri e in un possibile settimo incontro.

Le squadre che vincono una serie avanzano al turno successivo, e così via fino a quando rimane solo una squadra per conferenza.

Queste due squadre si affrontano nelle finali NBA per determinare il campione della lega.

# 32

### Phil Jackson.

È uno degli allenatori più di successo nella storia della NBA. Nato in Montana, Stati Uniti nel 1945, Jackson è conosciuto per il suo stile di leadership rilassato e la sua capacità di unire le sue squadre.

Jackson ha iniziato la sua carriera nella NBA come giocatore, venendo selezionato al secondo turno del draft del 1967 dai New York Knicks.

Tuttavia, la sua carriera da giocatore fu breve a causa di infortuni.

Dopo essersi ritirato come giocatore, Jackson ha iniziato ad allenare, iniziando nella lega minore Continental Basketball Association (CBA).

Nel 1987, Jackson si unì ai Chicago Bulls come allenatore assistente e nel 1989 fu nominato allenatore capo della squadra.

Durante il suo tempo ai Bulls, Jackson allenò giocatori come Michael Jordan, Scottie Pippen e Dennis Rodman e portò la squadra a sei campionati NBA negli anni '90.

Il sistema offensivo unico di Jackson, noto come il Triangolo, fu un fattore chiave nel successo dei Bulls.

Dopo aver lasciato i Bulls nel 1998, Jackson si prese una breve pausa dal basket prima di tornare come allenatore capo dei Los Angeles Lakers nel 1999.

Con i Lakers, Jackson portò la squadra a cinque campionati NBA in 11 stagioni, tra cui tre titoli consecutivi nel 2000, 2001 e 2002.

In totale, Jackson ha vinto 11 campionati NBA nella sua carriera da allenatore, rendendolo l'allenatore più di successo nella storia della lega.

Nel 2014, Jackson si è ritirato dal basket dopo una breve stagione come presidente delle operazioni di basket dei New York Knicks.

# 33

**Arnold "Red" Auerbach.**

È stato un allenatore ed esecutivo di pallacanestro statunitense nato nel 1917 e deceduto nel 2006.

È considerato uno dei più influenti allenatori nella storia della NBA.

Durante la sua carriera da allenatore, Auerbach ha guidato i Boston Celtics a nove titoli NBA negli anni '60, inclusi otto consecutivi dal 1959 al 1966. Auerbach era anche conosciuto per le sue innovazioni nel gioco, tra cui la popolarizzazione della difesa a zona e l'introduzione di giocate di blocco e taglio.

Ha anche sottolineato l'importanza del lavoro di squadra e della chimica nel vestiario, ed era famoso per le sue decisioni di draft astute e accurate.

Dopo il ritiro come allenatore, Auerbach è diventato il presidente e il general manager dei Celtics, contribuendo a costruire squadre campioni negli anni '80.

Durante il suo tempo nell'organizzazione dei Celtics, Auerbach ha selezionato giocatori come Bill Russell, Larry Bird e Kevin McHale, che sono diventati leggende della NBA.

Oltre ai suoi successi nel basket, Auerbach è stato un difensore dei diritti civili ed è stato uno dei primi allenatori a dare opportunità ai giocatori afroamericani nella NBA.

È stato incluso nella Basketball Hall of Fame nel 1969 come allenatore e nel 1980 come contributore del basket.

# 34

**Record di spettatori: Partita All-Star Game 2010, allo stadio dei Cowboys, ha attirato 108.713 persone, dove la squadra della Conferenza Est ha vinto per 141-139 contro quella dell'Ovest.**

La combinazione del guardia Dwyane Wade, LeBron James e l'ala Chris Bosh ha permesso alla squadra della Conferenza Est di vincere per 141-139 contro quella dell'Ovest nella 59esima edizione del Partita delle Stelle.

L'assenza di Kobe Bryant, dei Los Angeles Lakers, nella squadra dell'Ovest si è fatta notare troppo, specialmente nei momenti decisivi degli ultimi minuti quando il punteggio si è pareggiato a 137-137.

# 35

**Kareem Abdul-Jabbar.**

È un ex giocatore di pallacanestro americano, considerato uno dei più grandi di tutti i tempi.

È nato il 16 aprile 1947 a New York, e il suo nome di nascita era Ferdinand Lewis Alcindor Jr. Abdul-Jabbar ha giocato nella NBA per 20 stagioni, dal 1969 al 1989, principalmente con i Milwaukee Bucks e i Los Angeles Lakers.

Durante la sua carriera, ha vinto sei titoli NBA, sei premi MVP della NBA ed è stato selezionato 19 volte per l'All-Star Game della NBA.

Riguardo al suo record di punti, Abdul-Jabbar ha segnato 38.387 punti nella sua carriera, superando il precedente record di Wilt Chamberlain.

Solo altri sei giocatori hanno superato la soglia dei 30.000 punti nella storia della NBA: Karl Malone, LeBron James, Kobe Bryant, Michael Jordan, Dirk Nowitzki e l'attuale giocatore dei Brooklyn Nets, Kevin Durant.

Oltre al suo successo in campo, Abdul-Jabbar è anche noto per il suo attivismo politico e sociale, incluso il suo supporto alla lotta per i diritti civili e la sua opposizione alla guerra del Vietnam.

È anche un autore prolifico, avendo scritto diversi libri sulla sua carriera e sulla sua vita al di fuori del campo.

# 36

**Michael Jordan.**

È considerato uno dei migliori giocatori di basket di tutti i tempi e la sua media di punteggio di 30,1 punti a partita è la più alta nella storia della NBA.

Durante la sua carriera, ha giocato per 15 stagioni e ha mantenuto una media di 30,1 punti a partita nella stagione regolare e 33,4 punti a partita nei playoff, che è anche un record della NBA.

Jordan è stato il miglior marcatore della NBA in 10 occasioni e ha guidato la lega in punti per partita in ognuna di quelle stagioni.

È anche il miglior marcatore della NBA nella storia dei playoff, con una media di 33,4 punti a partita.

Jordan ha giocato la maggior parte della sua carriera con i Chicago Bulls, dove ha vinto sei campionati NBA e è stato nominato MVP delle Finali NBA in tutte queste occasioni.

È stato anche nominato MVP della stagione regolare della NBA per cinque volte.

Oltre ai suoi successi nella NBA, Jordan ha anche vinto due medaglie d'oro olimpiche con la squadra di pallacanestro degli Stati Uniti nel 1984 e nel 1992.

Jordan è un membro del Basketball Hall of Fame e il suo numero 23 è stato ritirato dai Chicago Bulls.

# 37

**I Boston Celtics sono la squadra con più titoli NBA nella loro storia, con un totale di 17 titoli.**

La squadra è stata fondata nel 1946 e ha vinto il suo primo titolo nella stagione 1956-57.

Durante gli anni '60, la squadra guidata da Bill Russell ha vinto un totale di 11 titoli in un periodo di 13 anni, che è considerato uno dei traguardi più impressionanti nella storia dello sport.

D'altra parte, i Los Angeles Lakers hanno vinto 16 titoli, tra cui i cinque vinti quando erano ancora ubicati a Minneapolis.

I Lakers hanno avuto giocatori iconici nella loro storia, come Kobe Bryant, Magic Johnson, Shaquille O'Neal e Kareem Abdul-Jabbar, tra gli altri.

Inoltre, altre squadre con più titoli NBA includono i Chicago Bulls con 6 titoli, i Golden State Warriors con 6, i San Antonio Spurs con 5, i Miami Heat con 3, i Detroit Pistons con 3, i Philadelphia 76ers con 3 e gli Houston Rockets con 2.

# 38

**Pat Riley.**

È uno dei allenatori di maggior successo nella storia della NBA.

Durante la sua carriera come allenatore ha guidato tre diverse squadre a vincere il campionato NBA: Los Angeles Lakers, Miami Heat e New York Knicks.

Durante il suo periodo come allenatore dei Lakers negli anni '80, Riley ha vinto quattro campionati NBA in otto anni, dal 1982 al 1989.

Durante quel periodo ha implementato uno stile di gioco veloce e spettacolare che è diventato il suo marchio distintivo, e ha allenato alcune delle più grandi leggende della NBA, come Magic Johnson e Kareem Abdul-Jabbar.

Nel 1995, Riley si unì ai New York Knicks, dove continuò ad essere un allenatore di successo.

Ha portato la squadra alle finali NBA nel 1999, anche se ha perso contro i San Antonio Spurs.

Riley è diventato noto per il suo stile carismatico e la sua abilità nel motivare i suoi giocatori, guadagnandosi il soprannome di "The Godfather".

Nel 2005, Riley è tornato in NBA come presidente e allenatore dei Miami Heat.

Lì ha costruito una squadra intorno alla superstar Dwyane Wade, e nel 2006 è riuscito a portare i Heat al loro primo campionato NBA nella storia della franchigia.

Riley ha continuato a guidare la squadra per diversi anni, e nel 2012 li ha portati al loro secondo campionato in quattro anni.

# 39

**Los Angeles Lakers (33 vittorie – 1971/72).**

Jerry West e Wilt Chamberlain hanno segnato
un traguardo nella stagione 1971-72
che è ancora in vigore.

Quella stagione, in cui i Los Angeles Lakers
avrebbero chiuso con un bilancio di 69-13,
i colori oro e viola avrebbero
legato fino a 33 vittorie.

Quella serie di vittorie li ha portati a essere la
migliore squadra della stagione regolare, e
subito dopo alla conquista dell'anello
di campione sconfiggendo i
New York Knicks per 4-1.

In quelle finali, Chamberlain sarebbe
stato l'MVP firmando 19,4 punti,
23,2 rimbalzi e 2,6 assist.

# 40

**Golden State Warriors
(28 vittorie - 2014/15 e 2015/16).**

I grandi Warriors con 3 anelli e 5 finali consecutive non mancano neanche a questa lista.

Tra le stagioni 2014/15 e 2015/16, i Golden State hanno conseguito fino a 28 vittorie consecutive.

Per essere precisi, hanno vinto gli ultimi 4 incontri della stagione regolare 2014/15, in cui sarebbero diventati campioni, e i primi 24 della stagione 2015/16, in cui hanno stabilito il record NBA terminando la stagione regolare con un bilancio di 73-9.

# 41

**Miami Heat (27 vittorie - 2012/13).**

Il Big Three formato a Miami da LeBron James, Dwyane Wade e Chris Bosh ha impiegato del tempo per decollare, ma quando lo ha fatto è stato imbattibile.

Nella stagione 2012/13, subito dopo aver conquistato il primo titolo, i floridiani hanno legato 27 vittorie tra il 3 febbraio 2013 e il 25 marzo 2013.

In quella stagione gli Heat avrebbero concluso con il miglior record della loro storia (66-16) e avrebbero anche conquistato il loro secondo titolo consecutivo battendo i San Antonio Spurs per 4-3.

# 42

**Houston Rockets (22 vittorie - 2007/08).**

La coppia formata da Tracy McGrady e Yao Ming non è mai riuscita a brillare nei playoff, ma non per mancanza di talento.

Durante la stagione 2007/08 hanno vissuto uno dei loro migliori momenti per entrare con lettere d'oro in questa classifica conquistando fino a 22 vittorie consecutive.

La serie, iniziata il 30 gennaio 2008, sarebbe stata interrotta dai Boston Celtics, che avrebbero poi vinto il titolo.

Terminata la stagione regolare con un bilancio di 55-27, i texani avrebbero finito il loro percorso ai playoff subendo l'eliminazione al primo turno per 4-2 contro gli Utah Jazz.

# 43

**Milwaukee Bucks (20 vittorie - 1970/71).**

Torniamo al XX secolo per parlare dei Milwaukee Bucks di Oscar Robertson e Kareem Abdul-Jabbar.

Nella stagione 1970-71, i Bucks hanno legato fino a 20 vittorie con un Kareem eccezionale che in quella stagione avrebbe mediato 31,7 punti, 16 rimbalzi e 3,3 assist per essere ancora MVP sotto il nome di Lew Alcindor.

Nelle Finals avrebbero battuto i Washington Bullets per 4-0.

# 44

**Washington Capitals
(20 vittorie – 1947/48 e 1948/49).**

Viaggiamo ora ai primi anni della NBA per situarci tra le stagioni 1947/48 e 1948/49, periodo in cui gli allora Washington Capitols riuscirono a vincere 20 partite consecutive.

Nonostante fosse una franchigia effimera, poiché la sua storia va dal 1946 al 1951, collezionò 5 vittorie nella stagione 1947/48 e 15 nella stagione 1948/49.

In quest'ultima arrivarono fino alle Finals per poi perdere contro i Minneapolis Lakers per 4-2.

# 45

**Los Angeles Lakers (19 vittorie – 1999/00).**

Nella NBA moderna dei Lakers di Shaquille O'Neal e Kobe Bryant, ovvero di quelli che hanno conquistato il "three peat" con Phil Jackson alla guida, va menzionato: prima del primo dei tre titoli, quelli giallo e viola brillarono con luce propria per collezionare 19 vittorie consecutive che li avrebbero portati a un record finale di 67-15, con Shaq che realizzò 29,7 punti, 13,6 rimbalzi, 3,8 assist e 3 stoppate a partita.

Nei playoff, avrebbero eliminato i Philadelphia 76ers con un netto 4-1.

# 46

**Boston Celtics (19 vittorie – 2007/08).**

Un altro team campione che durante la stagione regolare ha mostrato i muscoli.

I Celtics si sono riuniti nell'estate del 2007 con Paul Pierce, Kevin Garnett e Ray Allen per vincere l'anello e, allo stesso tempo, entrare in questa classifica vincendo 19 partite consecutive.

Con Doc Rivers alla guida, Boston concluderebbe la stagione regolare con un bilancio di 66-16 e nelle Finals sconfiggerebbero i Lakers per 4-2.

È stato un momento molto importante per un'organizzazione che non aveva saputo cosa significasse vincere un titolo dal 1986, quando aveva come leader Larry Bird.

# 47

**San Antonio Spurs (19 vittorie – 2013/14).**

I San Antonio Spurs, una delle grandi dinastie del XXI secolo, hanno avuto una stagione eccellente nel 2013/14, in cui alla fine sarebbero diventati campioni.

Ricordiamo che l'anno prima avevano perso le Finals contro i Miami Heat dopo aver subito una rimonta nel sesto gioco in cui erano avanti di tre punti a pochi secondi dalla fine, giusto fino a quando Ray Allen fece la magia.

Un anno dopo, avrebbero conquistato l'anello dei campioni e lungo il percorso avrebbero collezionato 19 vittorie consecutive.

Una statistica a favore di una grandiosa squadra guidata da Tim Duncan.

# 48

**Atlanta Hawks (19 vittorie - 2014/15).**

Con Mike Budenholzer al comando delle operazioni, la franchigia di Atlanta ha incantato con una stagione regolare eccellente che si è conclusa con un record di 60-22, incamerando per strada 19 vittorie.

Jeff Teague, Kyle Korver, Paul Millsap, Al Horford.

In Georgia si sono divertiti con un ritmo corale che li ha condotti fino alle finali della Conferenza.

Fase in cui avrebbero perso contro i Cleveland Cavaliers di LeBron James per 4-0.

# 49

**Washington Bullets 44-38.**

Bisogna risalire alla fine degli anni '70 per trovare il leader di questa classifica.

Ci trasferiamo esattamente alla stagione 1977-78 per ricordare il titolo che vinse quella stagione i Washington Bullets.

Sotto la guida di Elvin Hayes, che avrebbe giocato fino a sette stagioni nella capitale, e con il contributo non meno importante di un altro membro della Hall of Fame come Wes Unseld e del guardia Bob Dandridge, i Bullets hanno sorpreso tutti quando hanno conquistato l'anello dopo aver concluso la stagione regolare con un modesto 44-38.

# 50

**La squadra di basket degli St. Louis Hawks è stata fondata nel 1946 e ha partecipato alla National Basketball League (NBL) fino al 1949, quando la lega si è fusa con la Basketball Association of America (BAA) per formare l'attuale NBA.**

Gli Hawks sono diventati una delle squadre più vincenti della NBA negli anni '50 e '60, guidati da stelle come Bob Pettit e Cliff Hagan.

Nel 1958, gli Hawks arrivarono alle Finals NBA e si trovarono di fronte i Boston Celtics in una emozionante serie di sei partite, ma alla fine persero il titolo.

Nonostante gli Hawks siano arrivati alle Finals in altre tre occasioni negli anni '50 e '60, hanno solo vinto il campionato nel 1958.

Nel 1968, gli Hawks si trasferirono ad Atlanta e da allora sono stati conosciuti come gli Atlanta Hawks.

Nonostante la squadra abbia avuto alti e bassi nella sua storia, sono riusciti a raggiungere le Finals NBA in altre quattro occasioni da allora, anche se senza successo nella conquista di un nuovo titolo.

# 51

**Houston Rockets.**

Nel 1995 i Rockets di Houston, subito dopo aver vinto il loro primo anello, hanno vissuto una stagione regolare convulsa che è migliorata solo con l'arrivo del veterano Clyde Drexler.

Nonostante questo movimento, i ragazzi di Rudy Tomjanovich hanno concluso l'anno con un irregolare 47-35 che li ha lasciati al sesto posto nella Western Conference con addirittura nove squadre con un bilancio migliore del loro.

Tuttavia, questi dati non li hanno fermati.

Sulla strada del loro secondo anello consecutivo, e sotto la guida di un enorme Hakeem Olajuwon, i ragazzi del Texas hanno sconfitto Utah Jazz (60-22) al primo turno, Phoenix Suns (59-23) nelle semifinali e San Antonio Spurs (62-20) nelle finali di conferenza.

Nella grande finale, non hanno dato possibilità agli Orlando Magic di Anfernee Hardaway e Shaquille O'Neal, che sono stati spazzati via per 4-0, diventando la prima squadra nella storia a eliminare 4 squadre con più di 50 vittorie nel loro cammino verso l'anello.

# 52

**1947. Philadelphia Warriors.**

I Philadelphia Warriors, all'epoca, hanno l'onore di essere la squadra che apre la lista dei vincitori dell'anello, e curiosamente lo hanno ottenuto pur essendo sconfitti in stagione regolare da ben tre squadre con un bilancio migliore del loro: Washington Capitols (49-11), Chicago Stags (39-22) e St. Louis Bombers (38-23).

Con la Hall of Famer Joe Fulks come stella principale, i Warriors si sono aggiudicati il titolo dopo aver superato i Bombers, i Knicks e Chicago, in finale, per 4-1.

Come detto, Fulks è stato determinante come dimostrano i 22,2 punti di media che ha fatto nei playoff.

# 53

**1948. Baltimore Bullets.**

I Philadelphia Warriors sono stati le vittime in finale, poiché sono stati i Baltimore Bullets ad essere i migliori dell'anno dopo aver concluso la stagione regolare con un 28-20.

È stata una stagione fino a un certo punto strana, poiché in una differenza di due partite c'erano addirittura sei squadre; inoltre, altre due squadre hanno firmato lo stesso bilancio di vittorie e sconfitte dei ragazzi della East Coast degli Stati Uniti (Chicago Stags e Washington Capitols).

Concentrandoci sui playoff, i Bullets hanno avuto Connie Simmons come stella principale, un giocatore che è arrivato da Boston e ha fatto una media di 17,1 punti nei playoff prima di andare ai New York Knicks nel 1949.

# 54

**1969. Boston Celtics.**

Con un dominio schiacciante negli anni '60, quando vinsero nove anelli in dieci anni, la stagione 1968-69 fu una di quelle in cui tutto si risolveva nel momento decisivo, nei playoff.

Nonostante avessero chiuso la regular season con un bilancio di 48-34 che li posizionava dietro a quattro squadre, incluse i Lakers (55-27), i Celtics lasciarono chiaro nei playoff di essere al di sopra di tutti i loro avversari a livello mentale.

Così, distrussero le speranze dei Philadelphia 76ers e dei New York Knicks prima di sconfiggere i Lakers di Elgin Baylor, Jerry West e Wilt Chamberlain nelle Finals per 4-3.

# 55

**I Golden State Warriors sono una franchigia NBA
con sede a San Francisco, California.**

La stagione 1974-1975 fu una delle più memorabili per i Warriors, poiché vinsero il loro secondo titolo NBA nella storia della squadra.

La formazione era guidata da Rick Barry, che aveva una media di 30,6 punti a partita durante la regular season ed è stato nominato MVP delle Finals.

Nonostante avessero chiuso la regular season con un modesto record di 48-34, i Warriors si accendono nei playoff e eliminano i Seattle Supersonics, i Chicago Bulls e gli Houston Rockets sulla strada per le Finals NBA.

Lì, si scontrarono con i Washington Bullets, che avevano concluso la regular season con un record di 60-22.

Tuttavia, i Warriors sorpresero tutti spazzando via i Bullets in quattro partite.

Rick Barry fu nominato MVP delle Finals dopo aver avuto una media di 29,5 punti, 5,0 rimbalzi e 4,3 assist per partita durante la serie.

Questo titolo rimane uno dei più memorabili nella storia dei Warriors, e la squadra non avrebbe vinto un altro titolo NBA fino al 2015.

# 56

**1955 - Syracuse Nationals.**

Con sede nello stato di New York, questa squadra ha giocato nella NBA dal 1949 al 1963, anno in cui è stata acquistata da un imprenditore e trasferita nella città della Pennsylvania in cui attualmente risiede.

Nella stagione 1954-55, hanno vinto il campionato.

Con la stella del Hall of Fame Dolph Schayes, i Nationals avrebbero concluso la suddetta stagione con un record di 43-29.

Non era un grande record, ma era sufficiente per essere la migliore squadra di quell'anno insieme ai Fort Wayne Pistons.

Già nei playoff, avrebbero sconfitto proprio questi ultimi per 4-3 per conquistare l'unico titolo del loro periodo a Syracuse.

Schayes è stato il loro miglior giocatore in quei playoff, con una media di 18,5 punti e 12,3 rimbalzi.

# 57

**Nella stagione 1976-1977, i Portland Trail Blazers vinsero il loro primo titolo NBA battendo i Philadelphia 76ers in sei partite.**

Gli Blazers erano una squadra relativamente giovane e inesperta rispetto ai loro rivali, ma avevano una rosa di giocatori talentuosi guidati dalla stella della guardia, Bill Walton.

Durante la stagione regolare, gli Blazers finirono con un record di 49-33, il quarto miglior record nella Western Conference.

Tuttavia, nei playoff, gli Blazers diventarono una squadra imbattibile, vincendo 12 delle loro 13 partite di post-stagione, inclusa una serie di 4-0 contro i Lakers nelle finali di conferenza.

Nelle finali NBA, gli Blazers affrontarono una squadra dei 76ers guidata da Julius Erving, Moses Malone e Doug Collins.

Gli Blazers vinsero le prime due partite in casa, ma i 76ers risposero vincendo le successive due in casa.

Tuttavia, gli Blazers riuscirono a vincere le ultime due partite per vincere la serie 4-2 e portare a casa il loro primo titolo NBA.

Walton fu nominato il Giocatore più Valioso delle finali dopo aver fatto registrare una media di 18,5 punti, 19,0 rimbalzi e 5,2 assist per partita nella serie.

# 58

Ci troviamo di fronte al fatto che il decennio con meno successi è stato quello degli anni '50 con una media del 64,08% di vittorie, mentre quello che segna l'apice dell'altra parte della tabella è quello degli anni '80 con il 76,46% di vittorie.

Il decennio dominato da Magic Johnson e Larry Bird ci ha lasciato solo un campione con meno del 70% di vittorie.

Sono stati i Los Angeles Lakers del 1982, che hanno concluso la stagione regolare con un record di 57-25 (69,5%).

Dall'altra parte della bilancia, e tralasciando un primo decennio in cui la NBA era in pieno processo di nascita, è altrettanto sorprendente come gli anni '70 siano l'unico decennio che scende sotto il 70%, esattamente il 67,78%, dall'inizio della lega.

In quegli anni si verifica la curiosità che tra il 1975 e il 1978 ci sono stati addirittura 3 campioni che non hanno nemmeno raggiunto il 60% di vittorie.

# 59

**Dal momento in cui gli Houston Rockets hanno vinto nel 1995 dopo aver ottenuto meno del 60% delle vittorie, nel loro caso il 57,3% con un bilancio di 47-35, nessuna altra squadra ha toccato il cielo dopo una stagione regolare così debole.**

Per trovare un caso simile, sebbene non identico, bisogna tornare alla stagione 2005-06.

In quell'anno, i Miami Heat avevano acquisito Shaquille O'Neal, e tra lui e l'eccellente Dwyane Wade, portarono la squadra della Florida alla vittoria del titolo, imponendosi nelle finali sui Dallas Mavericks per 4-2.

In quei playoff, che hanno rappresentato il primo titolo per gli Heat, questi non erano favoriti nell'Est.

Detroit ha fatto 64-18, San Antonio e Dallas hanno raggiunto le 60 vittorie, ma nulla di tutto ciò li ha fermati dal diventare campioni.

# 60

**I Denver Nuggets La franchigia del Colorado si unì alla competizione nel 1967 ed è stata in diverse occasioni in posizione di avere il numero 1 del draft che gli è sempre sfuggito.**

Nelle stagioni 1990-91 e 1997-98 hanno avuto il peggiore bilancio della NBA con un record di 20-62 e 11-71 rispettivamente.

Avere la maggior percentuale di scelta per il primo posto non gli è servito a nulla.

Nel 1991 sono scesi al quarto posto per scegliere Dikembe Mutombo, mentre nel 1998 sono arrivati al terzo posto per ottenere i servizi di Ralf Lafrentz.

A loro favore, va detto che in tali campagne nessuno dei numeri 1 è diventato una grande stella.

Nel '91 Larry Johnson, nonostante il suo grande talento, è stato ostacolato dalle lesioni, mentre nel '98 Michael Olowakandi non è mai stato nemmeno vicino alle aspettative.

# 61

**I Indiana Pacers Un'organizzazione storica che non ha mai scelto il numero 1 di un draft.**

Anche fondata nel 1967, la franchigia di Indianapolis condivide con Denver che, nonostante abbia avuto in 2 occasioni il peggiore bilancio della competizione, la fortuna gli è stata sfavorevole.

Dopo 17 anni di appartenenza al torneo nordamericano, i Pacers terminavano con il peggior record della stagione 1983-84 con 26-56.

In quel draft c'erano giocatori come Hakeem Olajuwon o Michael Jordan; tuttavia, l'Indiana aveva precedentemente ceduto quello che sarebbe diventato un pick 2 a Portland, che scelse Sam Bowie.

Solo un anno dopo, nel 1985, tornavano ad avere il peggior bilancio, pari con i Warriors con 22-60.

In questa occasione mantenevano la loro scelta, ma in una lotteria che sarebbe passata alla storia per le voci di corridoio.

# 62

I Oklahoma City Thunder (Seattle Supersonics) Nel 1967 i Seattle Supersonics, che allora lottavano per avere di nuovo una squadra NBA, sono diventati una delle due franchigie a vincere un anello (1979) senza aver mai avuto una scelta al primo posto.

A differenza dei casi precedenti, questa franchigia non ha mai terminato con il peggior bilancio di una stagione, quindi non ha mai avuto il maggior numero di probabilità di essere la prima scelta.

Nonostante ciò, nella sua storia ha ottenuto fantastici giocatori come Gary Payton, numero 2 del 1990 con cui hanno raggiunto le finali del 1996.

Nel 2007 hanno selezionato Kevin Durant anche con il numero 2 e hanno ottenuto Russell Westbrook e James Harden tramite il draft.

Nella loro nuova sede, Oklahoma City, hanno raggiunto le finali nel 2012.

# 63

**Gli Utah Jazz sono una franchigia di pallacanestro professionistica con sede a Salt Lake City, Utah.**

Sono stati fondati nel 1974 come i New Orleans Jazz prima di trasferirsi a Utah nel 1979.

I Jazz hanno vinto 9 titoli di divisione, 2 titoli di conferenza e sono arrivati alle finali NBA in 2 occasioni, nel 1997 e nel 1998, perdendo entrambe le volte contro i Chicago Bulls di Michael Jordan.

La storia dei Jazz è contraddistinta da grandi giocatori come John Stockton e Karl Malone, che hanno guidato la squadra per gran parte degli anni '80 e '90.

Ha anche avuto altri giocatori di rilievo come Pete Maravich, Deron Williams, Carlos Boozer e Donovan Mitchell.

Negli ultimi anni, i Jazz sono stati una squadra competitiva nella Western Conference della NBA, guidati dall'allenatore Quin Snyder e dalla coppia di playmaker e guardia formata da Donovan Mitchell e Mike Conley.

Nella stagione 2020-2021, i Jazz hanno concluso con il miglior record della lega con 52 vittorie e 20 sconfitte, ma sono stati eliminati nelle semifinali della Western Conference dai Los Angeles Clippers.

# 64

**Miami Heat.**

Sono arrivati nella NBA nel 1988, ma non hanno avuto la fortuna di vincere la lotteria del draft con la prima scelta.

L'unica volta che si sono avvicinati di più alla prima scelta, in base alle probabilità, è stata nel 1989.

Era il loro primo anno nella competizione e hanno concluso con il peggior record firmando un 15-67.

Il destino volle che cadesse al quarto posto, una posizione che tuttavia gli permise di ottenere Glen Rice, che fece 6 stagioni davvero buone con gli Heat.

Il numero 1 di quel draft, Pervis Ellison, ha giocato solo 475 partite in carriera a causa degli infortuni.

Miami non ha mai scelto al primo posto, ma ciò non gli ha impedito di ottenere nel draft il miglior giocatore della sua storia.

Nel 2003, in uno dei migliori draft della storia, gli Heat hanno ottenuto con la quinta scelta Dwayne Wade.

Flash ha portato gli Heat al loro primo anello della storia e ha vinto altri 2 dopo l'arrivo di LeBron James.

# 65

**Memphis Grizzlies.**

Approdati nella NBA dalla città canadese di Vancouver, hanno concluso la stagione regolare con il peggiore record per ben 4 volte senza che la fortuna li abbia mai sorrisi.

Nella prima occasione, nel 1996, hanno scelto Shareef Abdul Rahim con la terza scelta, mentre i Philadelphia 76ers hanno scelto Allen Iverson con la prima scelta.

Alcuni anni dopo, nel 1999, hanno ottenuto la seconda scelta e scelto Steve Francis, ma il playmaker ha rifiutato di giocare a Vancouver e la franchigia lo ha scambiato con gli Houston Rockets.

In 4 anni hanno perso la possibilità di scegliere Iverson, Duncan e Francis.

# 66

**Phoenix e New Orleans, appena entrati nel mondo del draft.**

Ci sono ora 6 squadre, ma fino al 2018 erano 8.

Quell'anno, i Phoenix Suns, un'altra delle squadre che fino ad allora non aveva mai potuto scegliere per prima, ha sfruttato il suo peggior record di stagione regolare (21-61) per selezionare con la prima scelta DeAndre Ayton, un centro ancora in crescita ma che finora ha dimostrato ottime qualità.

Nel 2019 è toccato ai New Orleans Pelicans debuttare nella sempre difficile decisione di scegliere un giocatore quando tutti sono disponibili.

Nel caso di loro c'erano pochi dubbi.

Con Zion Williamson in lizza, un ragazzo destinato a fare epoca nella NBA e che sta dimostrando di esserlo, quelli della Louisiana si sono buttati su di lui.

Non ha potuto giocare troppi partite nella sua stagione da rookie a causa di problemi fisici, ma in quelli in cui è stato presente ha semplicemente incantato.

# 67

**Ben Wallace è al vertice dei migliori della storia ad aver raggiunto la gloria senza essere scelti nel draft.**

Nel caso di Big Ben, parliamo di un ragazzo che ha trascorso la sua carriera universitaria nella modesta Virginia Union della Divisione II della NCAA, dove la realtà è che non ha fatto troppo rumore.

Con questa piccola etichetta, nessuna franchigia ha prestato attenzione alla sua presenza durante il draft del 1996, un fatto che è stato aiutato dal fatto che era un centro alto solo 2,06 metri (si preferivano ragazzi interni con maggior altezza).

Visto che era difficile trovare spazio nella NBA, si è trasferito per alcuni mesi in Europa, dove ha provato con il Reggio Calabria prima di essere infine firmato da Washington come agente libero.

Lì, durante 3 stagioni, ha aumentato il suo peso nella squadra fino a quando nel 1999 è passato ad Orlando, dove per la prima volta è diventato un titolare indiscusso per avere in media 4,8 punti e 8,2 rimbalzi.

Tuttavia, non sarebbe stato fino alla stagione successiva, a Detroit, che sarebbe diventato uno dei migliori difensori della NBA.

# 68

**La storia di questo ragazzo di Tulsa (Oklahoma) inizia con un periodo universitario in cui ha giocato in ben 4 squadre, qualcosa che sicuramente non ha contribuito al draft del 1987, in cui non è stato scelto da nessuna squadra.**

Senza posto nella NBA, ha deciso di giocare nella CBA, la lega professionistica minore di basket che è esistita dal 1946 al 2010 e che fino al 2000 ha funzionato come lega di sviluppo della NBA.

Dopo quella breve esperienza, nel 1988 si è unito ai Warriors, dove ha avuto poche opportunità.

È stata la stagione 1990-91 a segnare una svolta nella sua carriera.

Quell'anno è entrato a far parte dei Knicks, dove un infortunio occorsogli durante un allenamento con Patrick Ewing ha impedito alla squadra di New York di licenziarlo.

Quando si è ripreso, il suo ruolo è cambiato, dovendo sostituire Gerald Wilkins, il titolare dell'equipaggio che era stato infortunato.

È stato in quel momento che ha potuto esibire il suo talento e guadagnarsi un posto nella squadra fino a completare 8 stagioni.

# 69

Formatosi nella rinomata Università di Purdue, lì ha brillato al punto da essere l'unico giocatore ad aver raggiunto almeno 1.500 punti, 800 rimbalzi e 250 assist nella storia dell'istituzione; un grande risultato che però non gli è servito per essere scelto da alcuna squadra nel draft del 1998.

Nonostante non abbia avuto quella fiducia all'inizio, già in quel primo anno ha ottenuto un contratto con i Charlotte Hornets, dove avrebbe trascorso due stagioni prima di giocare per lo stesso periodo di tempo nei Chicago Bulls e negli Indiana Pacers.

Nel suo secondo anno, nella franchigia di Indianapolis, sarebbe stato per la prima volta All-Star con una media di 13,1 punti, 8,3 rimbalzi e 2,6 assist; un riconoscimento che avrebbe ripetuto la stagione successiva ai Sacramento Kings, con una media di 14,1 punti, 10,3 rimbalzi, 4,3 assist e 1,2 stoppate.

# 70

**Avery Johnson Il playmaker di quegli Spurs che hanno conquistato il primo anello della loro storia nel 1999, non fu scelto durante il draft del 1998.**

Nonostante abbia avuto una media di 9.2 punti, 12 assist e 3.1 rubate a palla nei suoi due anni di università, il suo nome non risuonò nel 1988, ma la sua carriera non ne soffrì.

Nello stesso anno firmò con i Seattle Supersonics, dove in effetti ebbe pochissimi minuti in campo.

Denver, Houston, San Antonio (dove trascorse tre periodi) e Golden State lo ebbero nelle loro fila prima che si stabilisse definitivamente agli Spurs a partire dal 1994.

Qui iniziò un periodo di 7 anni che si sarebbe concluso con l'anello del 1999 contro i New York Knicks.

# 71

**Bruce Bowen.**

Non essendo stato selezionato nel draft del 1993, questo giocatore californiano trascorse 2 anni giocando in Francia e provando anche nella CBA prima che nella stagione 1996-97 i Miami Heat gli dessero l'opportunità di debuttare in NBA; tuttavia, giocò solo un minuto in una singola partita.

Nella stagione successiva, a Boston, giocò molto di più prima di passare anche per Philadelphia e tornare a Miami, dove iniziò a dimostrare la classe di giocatore che era, con una stagione finale in cui fu titolare per 72 partite con una media di 32,7 minuti.

Questo decollo nella lega gli permise di firmare nel 2001 con gli Spurs, squadra in cui sarebbe stato fondamentale, giocando tutte le partite da titolare fino alla stagione 2008-09, per vincere gli anelli del 2003, 2005 e 2007.

# 72

**Udonis Haslem.**

Con una grande carriera di 4 anni nella NCAA in cui arrivò persino a essere nominato per il Naismith of the year, si aspettava che al draft del 2002 qualche squadra credesse nelle sue possibilità, ma non fu così.

Per raggiungere la NBA dovette trascorrere 1 anno in Francia con una grande media di 16,1 punti e 9,4 rimbalzi.

Viste le sue qualità, i Miami Heat si lanciarono a contrattarlo nel 2003, e non si pentirono.

Con tutta la sua carriera nella franchigia della Florida, gli ultimi anni quasi a titolo onorifico, fu molto importante nell'anello del 2006 giocando 29,5 minuti a partita in quella post-stagione per segnare una media di 8,6 punti e 7,4 rimbalzi.

Oltre alle sue statistiche, in quel periodo faceva facilmente il doppio-doppio, si distinse la sua personalità e il suo leadership, che condivise con Dwyane Wade nei migliori anni della storia degli Heat.

# 73

### John Wooden.

È ampiamente considerato uno dei coach più di successo e rispettati nella storia del basket.

Nato nel 1910 in Indiana, Wooden ha avuto una carriera come giocatore di basket universitario prima di diventare coach nel 1946.

Dopo aver allenato diverse scuole superiori e università, Wooden è diventato il coach dell'Università della California a Los Angeles (UCLA) nel 1948.

Lì ha ottenuto uno dei record più impressionanti nella storia dello sport, guidando i Bruins a 10 titoli nazionali consecutivi tra il 1964 e il 1975.

La filosofia di coaching di Wooden enfatizzava l'importanza del lavoro di squadra, della disciplina e dell'etica del lavoro.

Enfatizzava anche l'importanza della tecnica e del dominio dei fondamentali del basket.

Wooden era noto per il suo focus sullo sviluppo personale dei suoi giocatori ed era un maestro nella motivazione e nella leadership.

Wooden è stato inserito nella Hall of Fame del Basket nel 1960 come giocatore e nel 1973 come coach.

Dopo il ritiro dall'allenamento, Wooden è diventato un autore e un popolare oratore, e i suoi libri e discorsi sono considerati una fonte di ispirazione per molti coach e giocatori di basket.

Wooden è morto nel 2010 all'età di 99 anni.

# 74

**David Wesley.**

Ha dovuto passare dalla CBA e dalla lega venezuelana prima che nel 1993 i Nets gli dessero l'opportunità di debuttare in NBA; tuttavia, con una scarsa partecipazione.

Sarebbe stato con i Boston Celtics, dove trascorrerebbe i successivi 3 anni, che esploderebbe come un grande realizzatore capace di fare da playmaker; infatti, nel corso del 1996-97, ha avuto una media di 16,8 punti, 7,3 assist, 3,6 rimbalzi e 2,2 rubate.

Già stabilitosi come uno dei giocatori importanti della competizione, trascorrerà gli anni migliori della sua carriera con gli Charlotte Hornets, squadra in cui giocherà per 8 stagioni.

Lì, insieme a Baron Davis e Jamal Mashburn, raggiungerà in 2 occasioni le semifinali della Eastern Conference.

Particolarmente dolorosa fu la sconfitta del 2001 contro i Milwaukee Bucks per 4-3.

Concluderà la sua carriera giocando 1 anno a Houston e un altro a Cleveland, squadra di cui ha fatto parte proprio l'anno in cui hanno raggiunto le loro prime finali con LeBron James, anche se Wesley non ha partecipato a quella post-season.

# 75

**Raja Bell.**

La sua opportunità nella NBA arrivò grazie ai Philadelphia 76ers, squadra in cui trascorse 2 stagioni con scarso utilizzo, così come accadde nella successiva con i Dallas Mavericks.

Il punto di svolta della sua carriera arrivò con il suo arrivo a Salt Lake City.

Nella stagione 2003-04, la sua prima con i Jazz, lasciò alle spalle l'ombra del Texas per firmare 11,2 punti, 2,9 rimbalzi e 1,3 assist in 24,2 minuti a partita.

Fu l'inizio di una serie di stagioni in cui si stabilì nella Lega come titolare.

I successi e i riconoscimenti arrivarono a Phoenix.

Con i Suns trascorse 4 stagioni, raggiungendo le finali della Conferenza Ovest del 2006, perdendo 4-2 contro i Dallas.

Un anno dopo, nel 2007, fu incluso nel miglior quintetto difensivo della stagione.

Terminò il suo percorso nella competizione nel 2012, di nuovo come membro dei Jazz.

# 76

**José Manuel Calderón.**

Il playmaker spagnolo si presentò al draft
nel 2003 senza essere scelto.

All'epoca era già un giocatore affermato nella Lega ACB e
avrebbe giocato altre 2 stagioni delle sue 5 totali prima
di fare il salto nella NBA, che avvenne nel 2005.

Furono i Toronto Raptors a notarlo e a chiudere
il suo ingaggio nell'agosto di quell'anno.

Lì, in Canada, trovò una casa.

Furono ben 7 stagioni e mezzo con i Raptors, in cui
avrebbe disputato i playoff 2 volte senza mai
superare il primo turno.

Lasciò la franchigia canadese a metà della stagione 2012-
13 con una media di 10 punti e 7,2 assist, quest'ultimo
parametro in cui è il secondo della storia della
franchigia con 3.770 passaggi.

Dopo aver lasciato Toronto, passò per Detroit, Dallas, New
York, Los Angeles, Atlanta, Cleveland e di nuovo Detroit
prima di annunciare il suo ritiro nel novembre 2019.

# 77

**Darrell Armstrong.**

Da dimenticato da tutti a essere uno dei simboli degli Orlando Magic per diversi anni.

Questo è il caso di Darrell Armstrong, un ragazzo che non ha mai giocato a pallacanestro fino all'ultimo anno di liceo, che è stato dimenticato nel draft del 1993 e che fino al 1997 non ha cominciato a distinguersi in una NBA alla quale è arrivato grazie alla franchigia della Florida nella stagione 1994-95, in cui ha disputato solo 3 partite.

Nonostante questo inizio incerto e il fatto di essere stato costretto ad emigrare in Europa, giocando a Ourense, Armstrong è riuscito a farsi un posto nella NBA, guadagnandosi poco a poco un ruolo; tanto è vero che nella stagione 1998-99 è stato nominato sia Miglior Sesto Uomo che Giocatore più Migliorato, una combinazione di premi che nessun altro ha mai ottenuto nella storia della NBA.

# 78

**Wesley Matthews.**

È un cestista professionista statunitense attualmente impegnato con i Los Angeles Lakers della NBA.

Nato il 14 ottobre 1986 a San Antonio, in Texas, Matthews ha frequentato l'Università di Marquette, dove ha giocato per la squadra di pallacanestro dei Golden Eagles.

Dopo non essere stato selezionato nel draft NBA del 2009, Matthews ha firmato come free agent con gli Utah Jazz, dove ha avuto un buon rendimento nella sua stagione da rookie.

Tuttavia, nel 2010 i Portland Trail Blazers hanno offerto a Matthews un contratto quadriennale da 34 milioni di dollari, che gli Jazz non hanno eguagliato.

Matthews ha giocato per i Blazers per cinque stagioni, dove si è affermato come uno dei migliori tiratori da tre punti della lega.

Nel 2015, Matthews ha firmato con i Dallas Mavericks e ha trascorso tre stagioni lì prima di essere rilasciato nel 2018.

Successivamente ha trascorso una stagione nei Indiana Pacers prima di firmare con i Milwaukee Bucks per la stagione 2019-2020.

Dopo un anno ai Bucks, Matthews ha firmato un contratto con i Lakers nel dicembre 2020.

Nel corso della sua carriera, Matthews è stato riconosciuto per la sua abilità difensiva e la sua capacità di segnare da lunga distanza.

Ha anche partecipato a diversi concorsi di tiro da tre punti durante l'All-Star Weekend della NBA.

# 79

**Kent Bazemore.**

La sua carriera sarebbe cambiata radicalmente nel febbraio del 2014.

I Lakers, squadra che quell'anno aveva praticamente poche possibilità di entrare nei playoff, lo acquisirono tramite scambio e lo fecero giocare 28 minuti a partita.

Qual è stato il risultato del ragazzo della Carolina del Nord? Una media di 13,1 punti, 3,3 rimbalzi, 3,1 assist e 1,3 rubate.

Quel grande finale di stagione gli è servito per attirare l'attenzione degli Atlanta Hawks.

Lì, in Georgia, ha trascorso 5 stagioni, partecipando alla campagna delle 60 vittorie, che si sarebbe conclusa nelle finali della Conference Est, così come in altre 2 stagioni di postseason.

Negli ultimi 4 anni con gli Hawks ha superato una media di 11 punti a partita, stabilendosi come titolare.

Ha anche giocato con i Sacramento Kings, contribuendo con 10,3 punti e 5 rimbalzi dalla panchina.

# 80

**Fred VanVleet.**

Il giocatore di Toronto è originario dell'Illinois.

Nel 2016 i Raptors lo hanno chiamato per la Summer League di Las Vegas e nel novembre dello stesso anno ha debuttato contro i Thunder.

In quella prima stagione ha giocato solo 37 partite, una scarsa partecipazione che sarebbe cambiata drasticamente nella stagione successiva e soprattutto nel 2018-19.

VanVleet è stato fondamentale per la conquista del titolo da parte di Toronto.

Dopo diversi partite poco convincenti, ha firmato un 53% nei tiri da tre nei 9 ultimi incontri, e nella sesta partita contro i Golden State, ha segnato addirittura 22 punti.

# 81

### Kendrick Nunn.

È un giocatore di pallacanestro professionista che attualmente gioca come playmaker per il Miami Heat della NBA.

È nato il 3 agosto 1995 a Chicago, Illinois, e ha frequentato la Oakland State University, dove ha giocato a pallacanestro universitaria.

Dopo non essere stato selezionato nel draft NBA del 2018, Nunn si è unito alla squadra Santa Cruz Warriors della G League.

Lì, ha fatto registrare una media di 19,3 punti, 3,8 rimbalzi e 2,8 assist per partita, attirando l'attenzione delle squadre NBA.

Nella stagione 2019-2020, Nunn ha firmato con il Miami Heat e è diventato rapidamente uno dei migliori rookie della lega.

È stato titolare in 62 dei 67 incontri disputati, con una media di 15,3 punti, 3,3 rimbalzi e 2,7 assist per partita, che gli è valsa l'inserimento nel secondo team All-Rookie della NBA.

Nella stagione 2020-2021, Nunn ha perso il posto da titolare con l'arrivo della stella Victor Oladipo e le infortuni, ma ha comunque fatto registrare una media di 14,6 punti, 3,2 rimbalzi e 2,6 assist per partita.

Attualmente, è una pedina importante nella rotazione del Miami Heat come sesto uomo e continua a dimostrare la sua capacità realizzativa e la sua abilità nel creare giocate per i suoi compagni di squadra.

# 82

**Jerry West.**

Nato in Virginia Occidentale nel 1938, ha disputato 14 stagioni nella lega con i Los Angeles Lakers per essere considerato uno dei migliori giocatori della storia e senza dubbio uno dei migliori realizzatori di tutti i tempi.

Ha concluso la sua carriera con una media di 27 punti a partita (4 stagioni sopra i 30) ed è ancora il miglior realizzatore delle Finali con 1.679 punti.

Tuttavia, tutto quel dispiegamento di qualità gli è servito solo per vincere un titolo.

# 83

**Elgin Baylor.**

Arrivato ai Lakers nel 1958, quando erano ancora a Minneapolis, Elgin Baylor non impiegò molto tempo per diventare una stella.

Nel suo primo anno fu il quarto miglior marcatore della competizione (24,9 punti), il terzo per rimbalzi (15) e l'ottavo per assist (4,1).

Naturalmente, fu il Rookie dell'Anno e aprì la strada al dominio in campo che però non fu sufficiente a conquistare un anello.

Sebbene non abbia mai vinto una Finale, Baylor detiene il titolo onorifico di essere il giocatore che ha realizzato più punti in una partita di tale competizione.

# 84

**LeBron James.**

Ha raggiunto otto finali consecutive su nove giocate, ma il destino ha voluto che in ben sei occasioni si sia fermato a un passo dall'anello.

La prima di queste, quando James aveva solo 4 anni di esperienza nella Lega, perse 4-0 contro i San Antonio Spurs.

Successivamente, dal 2011 al 2018, ha giocato 4 finali con il Miami Heat (vincendone 2 e perdendone altre 2) e altre 4 con i Cleveland Cavaliers (vincendone 1 e perdendone 3).

Nell'ultima epoca ai Cavs, in tutte le Finali i favoriti erano i Golden State Warriors, e ancora di più dopo aver acquisito i servizi di Kevin Durant nel 2016.

# 85

**Larry Foust.**

Nel 1950, i Fort Wayne Pistons acquisirono Larry Foust, un centro di 2,05 che sarebbe immediatamente diventato uno dei migliori giocatori interni della competizione.

Nello stato dell'Indiana, dove passò 7 anni, disputò 2 finali.

Nella prima (1956) perse 4-3 contro i Syracuse Nationals e nella seconda (1957) 4-1 contro i Philadelphia Warriors.

Nel 1959, come membro dei Lakers, perse 4-0 incontrando i Boston Celtics.

Sarebbero stati proprio i verdi a negargli l'anello negli anni '60 e '61, quando si unì agli Hawks di San Louis.

5 finali con 3 squadre diverse e 0 vittorie.

# 86

**Pau Gasol.**

È un ex cestista spagnolo, nato a Barcellona nel 1980.

È uno dei giocatori più di successo e riconosciuti nella storia del basket spagnolo ed europeo, e uno dei più rappresentativi nella NBA.

Gasol ha iniziato la sua carriera nel basket in Spagna, giocando per il FC Barcelona e vincendo due titoli della Liga ACB prima di essere selezionato al terzo posto del draft NBA del 2001 dai Memphis Grizzlies.

A Memphis, è diventato rapidamente una delle stelle della squadra e uno dei migliori giocatori della NBA, con una media di più di 20 punti e 10 rimbalzi a partita per diverse stagioni.

Nel 2008, Gasol è stato ceduto ai Los Angeles Lakers, dove si è unito a Kobe Bryant per formare una delle coppie più letali della NBA.

Con i Lakers, ha vinto due campionati consecutivi nel 2009 e 2010, ed è stato scelto per l'All-Star Game in tre occasioni.

In totale, Gasol ha giocato 18 stagioni nella NBA con i Grizzlies, i Lakers, i Chicago Bulls, i San Antonio Spurs e i Milwaukee Bucks.

Oltre al suo successo nella NBA, Gasol è stato un pilastro nella squadra nazionale spagnola di pallacanestro, vincendo due medaglie d'argento alle Olimpiadi del 2008 e 2012, così come un campionato del mondo nel 2006 e tre campionati europei nel 2009, 2011 e 2015.

Ha anche ricevuto numerosi premi e riconoscimenti durante la sua carriera, tra cui due volte il premio di Miglior Giocatore Europeo e la Medaglia d'Oro dell'Ordine Reale del Merito Sportivo in Spagna.

Nel 2019, ha annunciato il suo ritiro dal basket professionistico.

# 87

**Magic Johnson.**

Lo showtime arrivò con lui, ma al di là dello spettacolo che offriva ogni volta che saltava in campo, era un competitore nato.

In 13 stagioni di playoff è stato in grado di raggiungere le finali in nove di esse.

Di queste, ne ha vinte 5 e ne ha perse 4; leggendari i suoi scontri con i Celtics di Larry Bird, con cui si è confrontato in 3 occasioni nella finale in un periodo di 4 anni.

Con una media di carriera di 19,5 punti, 11,2 assist, 7,2 rimbalzi e 1,2 rubate, Magic ha accumulato 12 selezioni per l'All-Star, essendo stato MVP del gioco in 2 occasioni, 3 MVP della stagione regolare e altri 3 MVP delle finali.

Senza dubbio uno dei più grandi della pallacanestro.

# 88

**Kareem Abdul-Jabbar.**

In 20 anni di carriera nella NBA, Kareem Abdul-Jabbar ha avuto il tempo di coincidere con gli ultimi anni di Wilt Chamberlain nella NBA facendo parte dei Milwaukee Bucks, essere il leader di un Lakers di transizione giusto dopo il ritiro di Chamberlain e vivere i migliori anni dello showtime insieme a Magic Johnson.

In questo esteso periodo di tempo ha disputato le Finals fino a 10 volte per conquistare 6 anelli (uno con i Bucks e 5 con i Lakers) e vedere come in 4 occasioni si fermava alle soglie della vittoria.

# 89

**Danny Ainge.**

Arrivato in NBA nel 1981, è stato un membro chiave dei Celtics di Larry Bird con cui ha conquistato 2 anelli e ha perso altre 2 Finals, entrambe contro i Los Angeles Lakers negli anni 1985 e 1987.

Nonostante la sua rilevante partecipazione a Boston, nel 1989 è stato ceduto ai Sacramento Kings.

Dopo aver trascorso del tempo in California, nel 1990 è arrivato a Portland per disputare le Finals del 1992 perdendo contro i Bulls di Michael Jordan.

E qualche anno dopo, facendo parte dei Phoenix Suns, ha perso nuovamente contro quelli dell'Illinois per 4-2.

# 90

**Willis Reed.**

Un giocatore che nella stagione 1969-70 ha ottenuto qualcosa che si è vista solo con Michael Jordan (2 volte) e Shaquille O'Neal nella NBA, poiché nello stesso anno ha vinto l'MVP dell'All-Star, l'MVP della stagione regolare e l'MVP delle Finals, regalando così ai newyorkesi il primo titolo della loro storia.

Il primo di quei premi lo avrebbe vinto il 20 gennaio 1970 al The Spectrum di Philadelphia, dove portò alla vittoria la Eastern Conference per 142-135 segnando 21 punti e 11 rimbalzi in 30 minuti.

In quel momento, condivideva il parquet con un cast di stelle tra cui Elgin Baylor, Jerry West, Oscar Robertson o John Havlicek.

# 91

**Chamberlain.**

Arrivato nella Lega nel 1959, ha segnato una pietra miliare diventando il MVP della stagione regolare nella sua stagione di debutto.

I numeri che ha collezionato non hanno lasciato molte altre opzioni.

Giocando per i Philadelphia Warriors ha fatto 37,6 punti e 27 rimbalzi per un record di 49-26, superando nella votazione Bill Russell per 270 punti a 186.

Senza dubbio, è stato l'inizio di una carriera enorme che, tuttavia, è stata segnata dal dominio dei Celtics, che negli anni '60 avrebbero vinto fino a 9 anelli.

# 92

**Magic e Bird, la sfida degli anni '80.**

Come se fosse il film con la sceneggiatura migliore, hanno gareggiato l'uno contro l'altro in università fino a incontrarsi alle Finals, sono arrivati nella NBA lo stesso anno (1979) e l'hanno fatto nelle 2 franchigie più vincenti della storia: i Los Angeles Lakers e i Boston Celtics.

Il loro percorso nella Lega ha ridicolizzato le aspettative.

Fierce competitors, anche se con caratteri opposti, hanno reso leggendaria la decade degli anni '80; uno in cui ciascuno ha contribuito non con un granello, ma con montagne di sabbia, per far esplodere la popolarità della NBA e l'interesse del pubblico per essa.

Magic e Bird sono in quella breve lista di giocatori che sono riusciti a vincere tutti e tre i premi di MVP della Lega.

# 93

### Il dominio di Jordan.

Possiamo goderne e conoscerlo in modo speciale attraverso il documentario The Last Dance, che si concentra sulla stagione 1997-98.

Tuttavia, il suo dominio e la sua leggenda nella Lega sono iniziati a scriversi molto prima; tanto è vero che entro il 1991 aveva già vinto i 3 trofei di MVP.

Il 1988 è stato l'anno in cui ha iniziato a vedere riconosciuta la sua esposizione di talento.

Con Chicago come testimone, Michael si presentava all'All-Star Game per vincere l'MVP con niente meno che 40 punti.

Non era altro che il preludio di un corso in cui avrebbe portato i Bulls a un bilancio di 50-32, con una media di 35 punti, 5,5 rimbalzi, 5,9 assist e 3,2 rubate per vincere l'MVP superando Bird (secondo) e Magic (terzo).

# 94

**Shaquille, bestia in tutti i campi.**

Ha rappresentato un tocco diverso per la NBA, in cui la sua potenza fisica si è tradotta in qualcosa di indefendibile per i rivali.

Subito dopo il ritiro di Michael, Shaq è diventato una vera leggenda per i Lakers, a cui ha condotto ai titoli del 2000, 2001 e 2002, essendo MVP delle Finali in tutte queste occasioni.

Sono state le sue migliori stagioni; tanto che nel 1999-2000, poco prima di diventare campione, ha vinto il suo unico premio di MVP della stagione regolare con una media di 29,7 punti (il massimo della sua carriera), 13,6 rimbalzi, 3,8 assist (massimo della sua carriera) e 3 stoppate.

Con quella eccezionale prestazione ha condotto gli angeli a un bilancio di 67-15 che ha segnato l'inizio di ciò che sarebbe diventato un three-peat.

Ma O'Neal era più di un fantastico giocatore, era puro spettacolo.

Con quel carattere affabile e scherzoso, quando arrivava l'All-Star era il primo a dare il massimo per far divertire i tifosi sia dentro che fuori dal campo.

# 95

**Tim Duncan.**

Nel 1999 avevano già vinto il primo
dei loro cinque anelli.

Nel 2002 Duncan aveva già nel suo curriculum
i 3 riconoscimenti di MVP.

Il primo premio che gli è stato assegnato
è stato il MVP delle Finali.

Giocando contro i New York Knicks nel 1999, questo
ragazzo delle Isole Vergini ha segnato 27,4 punti, ha
preso 14 rimbalzi, ha fatto 2,4 assist e ha stoppato
2,2 volte per essere scelto come miglior
giocatore della serie.

L'anno successivo, con Oakland come testimone, ha
vinto anche l'MVP dell'All-Star, onore che ha condiviso
con un altro capo della zona: Shaquille O'Neal.

E ha dovuto aspettare poco per concludere il suo
percorso, poiché nel 2002 è stato nominato MVP della
stagione regolare firmando una media di 25,5 punti,
12,7 rimbalzi, 3,9 assist e 2,9 stoppate, portando
San Antonio a un bilancio di 58-24.

# 96

**Kobe, re dell'All-Star.**

Purtroppo, è morto in un tragico incidente in elicottero.

Kobe Bryant, leggenda dei Lakers, dove ha passato tutta la sua carriera, è riuscito a vincere anche i 3 MVP che la NBA assegna.

Sebbene nei suoi primi anni con la franchigia abbia conquistato 3 anelli da campione insieme a Shaquille O'Neal, è stato solo quando quest'ultimo ha lasciato la squadra che la sua figura è cresciuta a livelli insospettabili.

Per iniziare la sua collezione di trofei, The Black Mamba si sarebbe aggiudicato il premio come miglior giocatore dell'All-Star nel 2002.

All'epoca aveva solo 23 anni, ma ciò non gli ha impedito di essere il MVP di una partita in cui c'erano figure come Kevin Garnett, Allen Iverson o Paul Pierce.

Dopo quel successo per il suo curriculum, ha dovuto aspettare fino a cinque anni per aumentare la sua collezione di riconoscimenti individuali.

Ha vinto l'All-Star per ben 3 volte nei 2007, 2009 e 2011, diventando così la persona che l'ha vinto più volte insieme a Bob Pettit con 4 vittorie.

# 97

**LeBron.**

Ha ottenuto la tripla corona nel 2012.

Un anno molto speciale per lui, in quanto ha rappresentato il suo primo anello.

In quella stagione, in cui ha ottenuto il suo terzo MVP della stagione regolare, è arrivato alle Finals per affrontare i Thunder di Kevin Durant e Russell Westbrook, che ha sconfitto per 4-1 con una media di 28,6 punti, 10,2 rimbalzi e 7,4 assist per essere eletto miglior giocatore della serie decisiva.

Da lì in poi ha ripetuto come MVP della stagione e delle Finals nel 2013.

Per quanto riguarda gli All-Star, è stato selezionato come il miglior giocatore dell'incontro nel 2006, 2008 e 2018.

# 98

**La stagione in cui i San Antonio Spurs non sono arrivati ai playoffs è stata la stagione 1996-1997, quando hanno chiuso con un record di 20 vittorie e 62 sconfitte, il peggiore record della NBA quell'anno.**

Da allora, i Spurs sono stati una delle squadre più vincenti della lega, vincendo cinque campionati NBA su sei finali disputate tra il 1999 e il 2014.

Gregg Popovich è stato l'allenatore dei Spurs dalla stagione 1996-1997 ed è stato uno dei più vincenti allenatori nella storia della NBA, con un record di 1370 vittorie e 635 sconfitte fino alla fine della stagione 2020-2021.

Tim Duncan, Tony Parker e Manu Ginobili sono stati i leader della squadra per molti anni e tutti e tre i giocatori sono stati membri della squadra durante i cinque campionati vinti.

# 99

**Bob McAdoo e Moses Malone sono gli MVP più "viaggiatori" della storia.**

Rispetto agli MVP che hanno giocato in una sola squadra come Tim Duncan, Bill Russell, Dirk Nowitzki, Larry Bird o Magic Johnson, Bob McAdoo e Moses Malone hanno giocato in sette.

McAdoo faceva parte inizialmente dei Buffalo Braves (attuali Clippers) dove è stato MVP nel 1975 e successivamente ha giocato per Knicks, Celtics, Pistons, Nets, Lakers e Philadelphia 76ers.

D'altra parte, Moses Malone, dopo aver iniziato la sua carriera nella ABA, ha giocato solo due partite con i Buffalo Braves, è poi passato agli Houston Rockets dove è stato due volte MVP, Philadelphia 76ers, dove ha vinto il suo unico titolo NBA, Washington Bullets, Atlanta Hawks, Milwaukee Bucks e San Antonio Spurs.

# 100

**La serie di vittorie consecutive più lunga nella storia della competizione.**

I Los Angeles Lakers hanno stabilito nella stagione 1971-1972 un record di 33 vittorie consecutive, vincendo tutte le partite della regular season dal 5 novembre 1971 al 9 gennaio 1972, quando hanno perso contro i Milwaukee Bucks.

Il livello del record di quei Lakers è così grande che né i Chicago Bulls di Michael Jordan del 72-10, né i Golden State Warriors dei Splash Brothers del 73-9 sono riusciti a battere l'epico record dei Lakers del 1972 che alla fine sarebbero diventati campioni NBA.

# 101

**Wilt Chamberlain.**

Nato nel 1936 e morto nel 1999, è considerato uno dei migliori giocatori di pallacanestro di tutti i tempi.

È stato uno dei giocatori più dominanti della sua epoca, giocando nella NBA dal 1959 al 1973.

Chamberlain ha giocato per tre diverse squadre durante la sua carriera: i Philadelphia Warriors, i San Francisco Warriors e i Los Angeles Lakers.

Chamberlain ha stabilito diversi record che ancora oggi sono imbattuti, tra cui quello di segnare 100 punti in una singola partita, cosa che ha fatto nel 1962 in una partita tra i Philadelphia Warriors e i New York Knicks.

Possiede anche il record di media punti in una sola stagione con 50,4, ottenuto nella stagione 1961-1962, così come quello di maggior numero di rimbalzi in una singola partita con 55.

Oltre al suo dominio in campo, Chamberlain è stato anche un difensore dei diritti civili e ha lottato per l'uguaglianza razziale negli Stati Uniti.

Dopo il ritiro dal basket, Chamberlain si è dedicato alla recitazione, alla musica e agli affari, diventando una figura molto popolare nella cultura pop americana.

**Se hai apprezzato le curiosità sulla NBA presentate in questo libro, ti chiediamo gentilmente di condividere una recensione su Amazon.**

La tua opinione è molto preziosa per noi e per gli altri appassionati della NBA che cercano di divertirsi e imparare nuove conoscenze su questo sport.

Capisco che lasciare un commento possa sembrare un processo noioso, ma ti chiediamo di prendere qualche minuto del tuo tempo per condividere i tuoi pensieri e opinioni con noi.

Il tuo supporto è molto importante per noi e ci aiuta a continuare a creare contenuti di qualità per gli amanti di questo sport incredibile.

Ti ringraziamo per il tuo sostegno e speriamo che tu abbia apprezzato la lettura del nostro libro tanto quanto noi abbiamo apprezzato scriverlo.

**Grazie per aver condiviso la tua esperienza con noi!**

★ ★ ★ ★ ★